AF230832

DE LA
REPRÉSENTATION
NATIONALE

OU

DU PLUS JUSTE MOYEN DE CONJURER LES DANGERS

D'UNE FAUSSE REPRÉSENTATION

PAR

VICTOR SEM

Idola fori.

BACON.

PARIS

LIBRAIRIE INTERNATIONALE

15, BOULEVARD MONTMARTRE, 15

A. LACROIX, VERBOECKHOVEN ET Cⁱᵉ, ÉDITEURS

A BRUXELLES, A LEIPZIG ET A LIVOURNE

1869

Tous droits de traduction et de reproduction réservés.

DE L'IMPRIMERIE L. TOINON ET Cᵉ, A SAINT-GERMAIN

DÉDIÉ

A LA

NOUVELLE ASSEMBLÉE

LÉGISLATIVE

de chacun soit assuré non point par le texte de la loi, ce qui ne suffirait pas ; mais par la pratique de la loi : ce qui est suffisant et nécessaire.

La loi écrite est souvent libérale et protectrice, tandis que la pratique de la loi est restrictive de la liberté et la laisse sans garantie.

Chacun sait, par exemple, jusqu'à quel point la liberté des élections est garantie par la loi ; et personne n'ignore cependant jusqu'à quelle violation de la liberté descend ordinairement la pratique des élections.

Mais avant de faire connaître de quelle manière le suffrage universel doit être organisé pour qu'il devienne l'instrument de la justice, je dois insister sur la nécessité de cette réforme : après quoi j'en déroulerai toutes les conséquences.

II

La France a passé à travers différentes formes de gouvernement.

Depuis la révolution de 1848, elle tend à réaliser la forme à laquelle j'ai donné ailleurs le nom de *démocratie représentative*.

Dans une démocratie représentative, le peuple doit être représenté dans tous les ordres de pouvoirs.

La forme mixte de l'empire actuel ne laisse place à la représentation que dans l'ordre législatif.

Je ne veux donc, pour le moment, m'occuper uniquement que de la représentation législative.

Comment y arrive-t-on aujourd'hui?

Deux ou plusieurs candidats sont en présence, et les électeurs appelés à choisir entre eux se trouvent parqués, par la main habile ou capricieuse d'un ministre, dans ces bergeries à claire-voie qu'on appelle les circonscriptions électorales.

Le scrutin s'ouvre. Le quart ou le tiers des électeurs demeure chez soi. Le reste se divise entre les divers candidats. S'ils sont nombreux, aucun n'est élu. S'ils sont deux ou trois, celui qui l'emporte au premier tour doit avoir obtenu au moins la moitié des voix plus une.

Alors le candidat de la moitié des voix plus une est proclamé représentant de la nation.

Et le candidat de la moitié des voix moins une?

Celui-là, au lieu d'être envoyé à l'assemblée, s'efface et rentre dans l'ombre : c'est le vaincu.

S'il faut recourir à une seconde épreuve, il arrive souvent que l'élu a plus de voix que chacun de ses concurrents pris séparément, et moins qu'eux tous pris ensemble. Et pourtant le voilà représentant de la nation !

Quant aux autres qui réunissent ensemble un plus grand nombre de voix, ce sont les vaincus du second et dernier combat.

Les vaincus sont les vainqueurs !

Telle est la logique du suffrage universel dans la pratique actuelle. La raison et le sentiment de la justice s'accommoderont-ils plus longtemps d'une telle logique?

Il ne faut point éluder cette question en s'enracinant, par préjugé, dans un système qui va contre le but du suffrage universel.

Il faut l'aborder résolûment, et, si l'on a quelques raisons de ne point changer, faire valoir ces raisons et nous convaincre.

Aujourd'hui la cause que nous soutenons est celle de la justice, demain elle sera la cause de l'intérêt.

Elle est l'une et l'autre à la fois et tour à tour : la justice et l'intérêt se montrant partout, dans les affaires humaines, confondus dans une harmonie saisissante.

C'est d'abord la justice qui m'apparaît.

Puis-je admettre, en effet, que les élus de la moitié ou des deux tiers d'une nation passent pour les représentants de la nation tout entière ?

Ce fait énorme ne blesse-t-il pas profondément le sentiment de la justice ?

Et quand un pays pratique le suffrage universel et qu'il le pratique de cette façon, n'ai-je pas le droit de dire qu'il commet une grande injustice, qu'il consacre et met en usage le droit de la force, qu'il se trompe, qu'il s'égare ?

Et, dès lors, quel meilleur emploi pour

les forces de l'esprit que de rechercher le remède à un tel abus du meilleur droit?

Quoi, sur 7 millions 600,000 votants, 5 millions 100,000 seront représentés et 2 millions 500,000 ne le seront point!

Cinq millions feront la loi à deux millions et demi.

Oppression du suffrage : majorité, droit de la force, asservissement!

Si je dis qu'un tel état de choses crée une nouvelle et véritable servitude, *la servitude démocratique*, qui osera me contredire?

Oui. J'ai fait le relevé du nombre des votants comparativement à celui des électeurs représentés, des électeurs dont les candidats ont été élus, des vainqueurs par conséquent, et j'ai trouvé ces chiffres qui sont un enseignement trop suffisant.

Ils nous montrent que 2 millions 500,000 électeurs sont absolument privés de représentants : 2 millions 500,000 vaincus!

Préfets, sous-préfets et maires, soyez fiers d'un tel triomphe. L'armée que vous avez conduite au scrutin a laissé 2 millions 500,000 hommes sur le champ clos du suffrage universel. C'est là une victoire que ne dépassera jamais, je l'espère, la gloire future des chassepots français!

Mais je n'en veux point, autrement, croyez-le bien, aux conducteurs du suffrageant bétail.

La loi des majorités, en effet, comme une force aveugle, frappe amis et ennemis.

Si M. de Kerjégu, candidat officiel (3e circonscription du Finistère [1]) est élu par 7,661 suffrages et l'emporte sur ses deux concurrents de l'opposition qui réunissent ensemble 10,742 voix ; par contre, M. de Jouvencel, candidat de l'opposition, l'emporte à son tour sur M. de Jaucourt, candidat officiel dans la 2e circonscription de Seine-et-Marne, laquelle

1.   FINISTÈRE. — 3o *circonscription.*

De Kerjégu. (Officiel). Élu........ 7,661
Goury... (Opposition)............. 5,731 ⎱
De Gasté. (Opposition)........... 5,011 ⎰ 10,742

7,661 électeurs représentés, contre 10,742 non représentés.

présente une singulière répartition de voix [1].

Et si maintenant, par abstraction, je ne considère que les chiffres des deux élections que je viens de prendre pour exemples, je trouve, dans le premier cas, l'élu de 7,661 électeurs représenter seul une circonscription dans laquelle 10,742 électeurs ont voté contre lui; et, dans le deuxième cas, 10,454 électeurs suffire pour donner droit à un représentant, tandis que 18,033 électeurs ne sont comptés pour rien.

Est-ce là un système représentatif? En vérité, tant d'injustice et de déraison prêterait à rire si, au lieu de parler de la France, je parlais de quelque peuple de l'extrême Orient.

1. SEINE-ET-MARNE. — 2e *circonscription.*

Paul de Jouvencel. (Opposition).Élu.. 10,454
De Jaucourt....... (Officiel)......... 9,166 }
Renan........... (Opposition)...... 8,867 } 18,033

10,454 électeurs représentés, contre 18,033 non représentés.

III

Quel est donc le problème et quelle est sa solution?

Trouver un système par le moyen duquel le chiffre de voix nécessaire à un candidat pour être élu, soit une fois fixé pour tous, et par lequel aucun électeur ne demeure dépourvu d'un représentant.

Tel est le problème tout entier.

Comment fixer ce chiffre de voix nécessaire à un représentant pour être élu?

En faisant la division du nombre des électeurs par celui des représentants.

Le quotient de cette division ne sera-t-il pas précisément le chiffre de voix que devra obtenir un candidat?

Comment opérer maintenant pour qu'aucun électeur ne soit privé d'un représentant?

Ce résultat paraît devoir être plus difficile à obtenir et, en effet, dans un certain nombre de cas, il pourra ne pas être obtenu absolument.

Mais il y a plusieurs moyens de le rendre tout à fait probable, sinon certain.

C'est d'abord le vote par listes. C'est ensuite une certaine manière de compter les votes.

Prenons la division du territoire par départements.

Plusieurs candidats se présentent dans un département, un tableau de leurs noms est dressé.

Parmi eux, l'électeur a la faculté de choisir non-seulement autant de noms qu'il y a de représentants à élire, mais autant de noms qu'il en est porté sur le tableau.

Il a soin de placer ces noms sur sa liste par rang de préférence.

S'il n'inscrit qu'un seul nom sur sa liste, c'est un moyen de retirer autant de voix aux autres candidats.

On voit tout de suite que, par les facilités laissées à l'électeur, l'élection du candidat de son choix a les plus grandes chances de succès qui puissent lui être assurées.

Comme les noms des candidats sont portés sur les listes des électeurs par rang de préférence, ce sont les voix des premiers noms inscrits sur chaque liste qui sont d'abord comptées.

Dès qu'un candidat a obtenu le nombre de

voix égal au quotient de la division dont j'ai parlé, il est élu; et les voix qui lui reviendraient, après ce premier dépouillement, sont portées au compte du candidat qui se trouve inscrit, en second, sur le plus grand nombre de listes, et ainsi de même jusqu'au dernier.

Telle est la solution très-simple du problème que j'ai énoncé.

Je dis que cette solution satisfait aux conditions de ce problème.

On ne peut nier, en effet, que le chiffre mathématique du nombre de voix nécessaire à un candidat ne soit pas le quotient de la division du nombre des électeurs par celui des représentants.

Ici la justice est une question de proportion numérique.

D'un autre côté, il n'est pas contestable que la faculté de voter par scrutin de liste, avec les facilités et le mode de répartition des voix que je viens de faire connaître, ne constitue de tous les systèmes proposés jusqu'ici, celui qui assure, avec le plus de certitude, la représentation de tous les électeurs et partant de toutes les opinions.

Ainsi, les électeurs, par la faculté qui leur est laissée de n'inscrire qu'un seul nom sur leur liste, ont le moyen le plus radical qu'il soit possible d'assurer le succès de leur candidat.

Ils ont ensuite la faculté de classer les noms des candidats par ordre de préférence, autre moyen pour les électeurs de faire parvenir les deux ou trois candidats qu'ils préfèrent. Qu'on n'objecte pas que tous les électeurs useront du moyen de n'inscrire qu'un seul nom sur leurs listes ; surtout lorsqu'ils devront se trouver toujours en présence de plusieurs candidats à élire. Ils voudront participer à l'élection de tous, et, sachant que l'ordre de préférence est un moyen suffisant, ils ne laisseront pas d'en user.

Pourquoi, dès lors qu'ils ont plusieurs représentants à élire, les électeurs s'attacheraient-ils à n'en vouloir élire qu'un seul ?

Pourquoi consentiraient-ils à abdiquer ainsi la plus grande part de leur souveraineté ?

Presque toujours ils rencontreront, en concurrence, plusieurs candidats de leur opinion, et nul doute alors qu'ils useront de la faculté d'en faire passer deux plutôt qu'un seul, trois plutôt que deux.

Ainsi chaque électeur peut trouver un représentant de son opinion.

C'est là la seconde condition à laquelle ce système satisfait, et cette condition est la plus essentielle.

Il faut, en effet, pour que la représentation soit vraie, qu'elle soit générale, c'est-à-dire qu'elle comprenne non-seulement toutes les opinions ; mais jusqu'aux nuances de ces opinions, et pour que la représentation soit générale il faut que pas un électeur ne demeure privé d'un représentant ; en d'autres termes, que pas une voix ne soit perdue.

Or le système qui consiste à reporter les voix de l'un des candidats préférés, déjà élu, sur le nom suivant de la liste assure une destination à toutes les voix, un représentant à tous les électeurs.

Ce système est presque absolument le même que celui que M. Thomas Hare a essayé de faire prévaloir en Angleterre. Je l'ai rattaché, dans un précédent travail, au système de la *démocratie représentative* [1], auquel, il sert à souhait comme le meilleur instrument de précision du suffrage universel.

J'ai été jusqu'à soutenir que ce système, en rendant possible la représentation nationale dans sa généralité et dans sa vérité, réalisait cette forme de gouvernement de la démocratie représentative, faussée par la pratique actuelle du suffrage universel.

Je le soutiens encore, bien que je reconnaisse que le système de M. Hare puisse manquer à la rigueur dont je me suis plu à le doter.

Tout me persuade qu'une pratique impartiale en corrigerait bientôt les défauts, et c'est dans cette assurance que j'ose le proposer comme le moyen le plus juste et le plus vrai jusqu'ici de faire enfin de la représentation nationale le reflet vivant des opinions et des intérêts de tout le peuple.

---

1. *La démocratie représentative*, par Victor Sem. 1 vol. in-18, chez A. Lacroix, Verboeckoven et Cie.

IV

Quand on s'oppose à toute modification dans le fonctionnement du suffrage universel, je me demande si l'on ne ferme pas volontairement les yeux sur ses écueils et si l'on a bien pesé les avantages que nous offrons.

Avec la pratique actuelle du suffrage universel, le tiers des électeurs demeure sans représentants. Ce sont autant de mécontents ou de vaincus qui manquent d'organes pour faire connaître leur sentiment.

Un tel silence nuit plus à un gouvernement que de nombreux discours.

En outre, ce camp des vaincus est un point d'appui naturellement offert à une opposition, dont demain il doublera les forces.

La majorité de l'assemblée est factice, elle ne représente jamais qu'un peu plus du tiers du pays, puisqu'une partie du second tiers représenté appartient nécessairement à l'opposition et que le troisième tiers n'est point représenté du tout. Et cependant le gouvernement s'appuie sur cette majorité, croyant bien avoir le pays tout entier de son côté !

Alors toutes les fautes deviennent légères, tous les entraînements permis ; et après quelques années d'illusions on aperçoit trop tard que ce qui semblait la majorité n'est réellement que la plus petite partie d'un tout qu'on n'a pas connu.

A quel abîme une telle erreur ne peut-elle pas conduire ?

Sans doute le suffrage universel est un progrès sur le suffrage restreint.

Mais s'il éclaire déjà mieux, éclaire-t-il tout à fait ?

Il n'est point de souterrain où la lumière se fasse plus péniblement que dans l'esprit d'un gouvernement.

Son premier aveuglement consiste toujours à se croire assuré de durer. Pour ne pas le croire il faut qu'il voie tout le monde contre lui, et encore suppose-t-il qu'on le trompe ou espère-t-il qu'on le détrompera.

A ce point de vue le suffrage universel a un immense avantage sur le suffrage restreint ; il est une expression plus véridique de l'état de l'opinion chez un peuple.

C'est le suffrage universel qui dit la vérité au prince.

Mais il ne la dit pas encore tout entière.

Il la dirait tout entière si on le disposait pour cela.

En 1847, M. Guizot croyait appuyer son gouvernement sur une adhésion générale. La chambre, dont il gouvernait la majorité, était le produit du suffrage restreint, et par surcroît des candidatures ministérielles. Aussi, au lendemain de la révolution, M. Guizot put-il être fort surpris de trouver contre lui toute la nation.

Eh bien ! ce qui était l'erreur du suffrage restreint et des candidatures ministérielles en 1847 deviendra bientôt l'erreur du suffrage universel et des candidatures officielles.

Dans quelques années, si le suffrage universel continue d'être pratiqué comme il l'est aujourd'hui, il deviendra aussi dangereux que l'était le suffrage restreint, il aura les mêmes conséquences ; car il sera devenu, par des exclusions toujours plus nombreuses, un véritable suffrage restreint.

Et en quoi donc, je vous prie, les électeurs vaincus aujourd'hui aux élections diffèrent-ils, au point de vue de la représentation, des électeurs écartés par le cens?

Est-ce que les uns ne manquent pas de représentants comme en manquaient les autres?

Et si cela est vrai, quel est donc le grand avantage du suffrage universel?

D'avoir diminué le nombre de ceux qui n'étaient point représentés.

Était-ce là seulement le but d'une telle réforme?

Quoi! le suffrage universel n'aurait pas eu pour but d'assurer à tous le même droit?

Le suffrage universel serait, et nous n'aurions point le moyen de faire que chacun de nous soit représenté!

Non, cela n'est pas possible; et dès lors que le moyen est trouvé il faut l'employer.

Gouvernements, voulez-vous savoir la vérité? Voulez-vous durer? Voulez-vous, pour vous appuyer, une majorité vraie?

Peuples, voulez-vous l'exercice de vos droits sans injustice ni restriction? Voulez-vous l'ordre et la prospérité?

Que les élections soient libres, que toutes les opinions soient représentées.

La représentation générale, c'est la majorité vraie, le gouvernement éclairé et affermi, le peuple souverain et satisfait.

V

A cette première réforme, il convient d'en ajouter une autre qui la facilite et la complète.

Je veux parler de l'accroissement du nombre des représentants.

A cet égard je n'ai pas besoin de démontrer que plus ce nombre sera grand, plus le chiffre du quotient de la division proposée sera réduit, et plus il sera facile au candidat de la minorité de réunir assez de voix pour être élu.

Il est naturel que le nombre des représentants soit proportionné au nombre des électeurs.

Or, deux cent quatre-vingt-treize députés par rapport à dix millions d'électeurs ne forment pas une proportion raisonnable.

En Angleterre, où le corps électoral est moins nombreux qu'en France, la Chambre des communes compte près de sept cents députés.

Ce chiffre dépasserait peut être en France le bon ordre d'une assemblée.

C'est là, je l'avoue, la seule limite que l'on puisse prescrire au nombre des représentants; car, à part cette raison, il n'y a que le caprice, qui n'est jamais une raison.

Je ne proposerai donc pas immédiatement d'élever le nombre des représentants au delà de la limite que comporte le bon ordre d'une assemblée; mais, prenant le chiffre actuel tel quel, je proposerai de le doubler, ce qui le rapprocherait de six cents.

De la sorte, au lieu de compter un représentant à raison de trente-quatre mille électeurs, nous en compterions un à raison de dix-sept mille. Et c'est déjà beaucoup qu'un homme ait le droit de parler et d'agir pour dix-sept mille !

En Danemark, où fonctionne le système que nous proposons (ce qui, par parenthèse, coupe court à l'objection de la mise en pratique), on compte un député à raison de seize mille habitants.

Enfin, il serait nécessaire que les décisions de l'assemblée ne fussent prises qu'aux deux tiers des voix et aux trois quarts dans certains cas déterminés.

Comme je me suis expliqué sur ce point dans la *Démocratie représentative*, je n'insisterai pas.

Mais on conçoit facilement que si les élections étaient faites comme je viens de l'exposer, la majorité de l'assemblée serait tout naturellement rapprochée des deux tiers ou des trois quarts des voix.

Et l'avantage qui en ressortirait nécessairement, est que les décisions ainsi prises étant celles d'un nombre toujours plus grand, elles auraient plus de force aux yeux de l'opinion et présenteraient plus de garantie au pouvoir chargé de faire exécuter la loi.

Appuyé sur une assemblée qui serait la représentation de toutes les opinions, et dans cette assemblée sur une majorité qui serait formée par les deux tiers et quelquefois par les trois quarts de ses membres, quel gouvernement ne se sentirait pas fort et confiant? Et, sans ces conditions, quel gouvernement pourrait se prétendre assuré de vivre?

VI

On ne se fait point en France une idée juste du gouvernement.

On le considère trop comme notre maître et l'on part de là que notre ennemi c'est notre maître.

Ou l'on attend tout de lui, ou l'on veut se passer de lui tout à fait.

Le despotisme et l'anarchie sont les deux centres autour desquels nous gravitons depuis près d'un siècle. Aussitôt librés d'un côté nous nous sentons irrésistiblement attirés de l'autre.

Aussi vit-on toujours ici et fait-on de la politique comme si le gouvernement devait changer.

Alors les hommes d'État au lieu d'appliquer leurs forces au développement d'institutions durables, les usent dans une lutte jalouse, à laquelle le peuple demeure toujours indifférent, entre ceux qui maintiennent le gouvernement et ceux qui veulent le changer.

L'histoire nous apprend que la cause de cet effet est particulièrement dans la situation respective que le pouvoir législatif et le pouvoir exécutif ont prise l'un en face de l'autre.

Et cette situation elle-même est le fait d'une cause plus profonde qui est que le pouvoir législatif comme le pouvoir exécutif manquent, chez nous, d'une base d'établissement conforme à la justice.

Je n'ose point m'aventurer en ce qui regarde le pouvoir exécutif.

Mais pour ce qui est du pouvoir législatif, je puis dire que la base d'établissement que je lui offre est la plus juste, et que s'il s'établit sur cette base, en même temps qu'il réalisera la démocratie représentative, il fondera un gouvernement durable.

On a dit que ce qui soutenait les gouvernements ce sont les majorités. Ce qui n'est pas moins vrai, c'est que ce sont aussi les majorités qui perdent les gouvernements.

Il faut abandonner ces idées et ce langage.

Il n'y a plus un gouvernement qui a des amis et des ennemis.

Il n'y a plus de majorité ni de minorité pour le gouvernement.

Que serait-ce encore qu'une majorité de gouvernement?

Il n'y a plus même de majorité de la nation.

Il y a une nation tout entière représentée, penchant toujours du côté de la justice et du progrès, et faisant sa loi librement.

Il n'y a plus de bataille électorale; car qui dit bataille dit victoire et défaite, dit vainqueurs et vaincus.

C'est à ces noms, et particulièrement à celui de *victoire du suffrage universel*, que nous devons de nous traiter les uns les autres en ennemis irréconciliables.

Où irons-nous, je le demande avec la plus sincère affliction, si nous persistons plus longtemps à nous traiter en ennemis? Et vainqueurs, dites-moi, après combien de victoires vous nous aurez anéantis?

Établissez demain la république, composez-lui une majorité dans l'assemblée, et qu'après deux ans, par exemple, votre gouvernement soit vaincu aux élections; avec l'habitude que vous avez créée de lier l'idée de l'existence du gouvernement à l'idée d'une majorité législative, avec vos idées de victoire du suffrage universel, avec vos mots de vainqueurs et de vaincus, vous aurez tué le gouvernement de vos propres mains.

Je le dis bien haut : aucun gouvernement ne parviendra à s'asseoir en France, d'une manière durable, si un pouvoir exécutif établi, qu'il s'appelle empire, royauté, régence ou présidence, se trouve perpétuellement livré à la merci d'une majorité de hasard et de force dans un système sans équilibre.

Constituer une assemblée qui soit la représentation générale et véritable de toutes les opinions de la nation et dans laquelle les décisions soient prises tantôt aux deux tiers, tantôt aux trois quarts des voix : tel est le moyen de rendre la France à la France en lui assurant un gouvernement définitif.

Sans doute, il restera encore quelque chose à faire après, et cela seul ne me suffirait pas : je l'ai écrit, et mes lecteurs le supposent bien.

Mais je dis qu'il faut commencer et qu'il faut commencer par ce que je propose, puisque cela est possible sans acception de gouvernement ni de personnes.

VII

Ce n'est certes pas par goût que je développe ainsi des idées que j'ai déjà rendues publiques.

C'est la situation que nous traversons qui me force la main, et c'est à elle que je prétends qu'il faut appliquer le remède proposé.

Pour la première fois depuis l'Empire les élections ont été suivies d'émeutes.

Quelle a été la cause de ces émeutes?

Je ne veux point subtiliser. On dit que c'est la police. Soit. Mais alors je lui fais mon compliment. Car elle est fort habile d'avoir ainsi donné le change un moment.

Pour moi, c'est bien aux cris de *vive Rochefort, vive la Lanterne*, que s'est faite l'émeute de Paris.

Qui a poussé ces cris? Des hommes en blouse ou en chapeau? Qu'importe! Et quand même ce serait la police? Si elle a réussi à faire crier avec elle une partie de la population, si infime qu'elle soit, n'a-t-elle pas accusé une dissidence et chiffré pour ainsi dire cette minorité?

N'est-ce pas aux cris de *vive Lavertujon*, que s'est faite l'émeute de Bordeaux? aux cris de *vive Guépin*, que s'est faite l'émeute de Nantes?

Je sais, MM. Lavertujon et Guépin, que vous écrivez pour désavouer et proclamer que vous n'êtes nullement solidaires de l'émeute.

De l'émeute, soit. Mais de vos électeurs?

Vous aurez beau crier non. Je vous réponds que c'est justice.

Et maintenant voici où j'en veux venir.

Si les électeurs de M. de Rochefort, de M. Lavertujon et de M. Guépin, pour ne prendre qu'eux, avaient pu réussir, ce qui a manqué de peu, à faire entrer à la chambre leurs candidats préférés, est-ce que leurs vociférations auraient eu une signification?

Est-ce que vainqueurs ils se seraient conduits comme vaincus ils se sont conduits?

Avez-vous entendu crier *vive Thiers*, ou *vive Jules Favre*, par la bouche des émeutiers de Paris?

Ce sont donc bien les vaincus que nous avons devant nous.

Eh bien! je demande si n'étant pas vaincus, ils se seraient montrés perturbateurs?

Faites avec moi ce petit calcul :

M. d'Alton-Shée	5,000 voix.
M. Raspail	14,000
M. de Rochefort.	14,000
Total.	33,000 voix.

Trente-trois mille électeurs non représentés. Trente-trois mille vaincus! Et vous vous étonnez que dans les circonstances où se sont accomplies les élections en 1869, quelques émeutes se soient produites?

Ce qui m'étonne, c'est que la cause de ces effervescences électorales ne soit pas aussi claire à tous les yeux qu'elle l'est aux miens; c'est qu'oubliant qu'il n'existe rien, comme l'a dit Leibnitz, « qui n'ait sa raison suffisante, » on se perde dans des suppositions de parti vagues ou calomnieuses qui éloignent l'esprit de la véritable cause du mal et finissent par faire désespérer la raison de ses plus généreux efforts.

La vérité produit l'effet des montagnes qui dominent au-dessus des hommes et de leurs demeures : le voyageur qui descend dans la plaine perd à mesure l'idée de la grandeur des masses imposantes qui fuient derrière lui.

Tournons nos pas et revenons à la montagne.

Je soutiens que si les ultra-révolutionnaires et les ultra-socialistes avaient vu les milliers de voix qu'ils ont perdues, combinées de manière à assurer l'élection des candidats de leur choix, l'émeute n'aurait eu ni raison, ni prétexte.

VIII

Ce n'est point par goût, je le répète, que je suis revenu sur des idées que j'ai déjà exprimées sans cependant leur avoir donné ce développement.

Je n'aime ni à retoucher ce que j'ai fait, ni même à m'y reporter.

« Ceux qui écrivent par humeur sont sujets à retoucher à leurs ouvrages, » a dit La Bruyère avec vérité.

Je n'écris point par humeur, mais par nécessité.

Les idées que j'exprime ici me font violence depuis les dernières élections, et sans me préoccuper si je les rendrais publiques, j'ai donné une forme à ces idées.

Si aujourd'hui j'attire sur elles l'attention des esprits, c'est que la situation où la France menace de s'enlizer semble faire un devoir à chacun de ceux qui mesurent les dangers qu'elle court et qui recherchent les moyens de l'en détourner, de prendre hardiment la parole.

Cette parole, je l'adresse aux membres de la nouvelle assemblée qui va se réunir, et je leur dis :

Étudiez le problème qui vous est soumis. Avant de rien condamner, approfondissez tout. Si ma proposition est injuste et fausse, vous le prouverez et je me détromperai.

Si elle est juste et vraie, vous l'adopterez, et à votre tour vous serez désabusés.

La question est posée, il faudra la résoudre ; car je la renouvellerai sans relâche, et si je suis seul à la soutenir aujourd'hui, quelque jour prochain, il me viendra de l'appui et vous accorderez à plusieurs l'attention que vous aurez refusée à un seul.

Il faut à une telle question un grand débat public.

Voulez-vous l'ouvrir ?

Voulez-vous demander, avec moi, l'élection au quotient, le doublement du nombre des représentants, la majorité des deux tiers et des trois quarts de l'assemblée ?

Si vous obtenez cela, vous aurez glorieusement marqué votre passage, vous aurez fermé le cycle des révolutions, vous aurez fondé un gouvernement inébranlable, vous aurez formé une nation, et la démocratie représentative sera une vérité.

DE LA
REPRÉSENTATION
NATIONALE

OU

DU PLUS JUSTE MOYEN DE CONJURER LES DANGERS
D'UNE FAUSSE REPRÉSENTATION

PAR

ARMAND HAYEM

Idola fori.
BACON.

SECONDE ÉDITION

PARIS

FAUBOURG MONTMARTRE, 13

A. LACROIX, VERBOECKHOVEN ET Ce, ÉDITEURS

A BRUXELLES, A LEIPZIG ET A LIVOURNE

1870

Imp. L. Toinon et Cie, à Saint-Germain.

DE LA
REPRÉSENTATION
NATIONALE

OU

DU PLUS JUSTE MOYEN DE CONJURER LES DANGERS
D'UNE FAUSSE REPRÉSENTATION

PAR

ARMAND HAYEM

Idola fori.
BACON.

SECONDE ÉDITION

PARIS

FAUBOURG MONTMARTRE, 13

A. LACROIX, VERBOECKHOVEN ET Cⁱᵉ, ÉDITEURS

A BRUXELLES, A LEIPZIG ET A LIVOURNE

1870

A LA MÊME LIBRAIRIE

OUVRAGES DU MÊME AUTEUR

Publiés précédemment sous le pseudonyme VICTOR SEM.

QUELQUES CONSÉQUENCES DU PRINCIPE DES NATIONA-
LITÉS, ou essai de critique politique. 1 volume in-12.
Prix 2 50

LA DÉMOCRATIE REPRÉSENTATIVE. 1 volume in-18.

DE LA REPRÉSENTATION NATIONALE. 1 volume in-18.

Imp. L. Toinon et Cie, à Saint-Germain.